BEI GRIN MACHT SICH IHR WISSEN BEZAHLT

- Wir veröffentlichen Ihre Hausarbeit, Bachelor- und Masterarbeit

- Ihr eigenes eBook und Buch - weltweit in allen wichtigen Shops

- Verdienen Sie an jedem Verkauf

Jetzt bei www.GRIN.com hochladen und kostenlos publizieren

Bibliografische Information der Deutschen Nationalbibliothek:

Die Deutsche Bibliothek verzeichnet diese Publikation in der Deutschen Nationalbibliografie; detaillierte bibliografische Daten sind im Internet über http://dnb.d-nb.de/ abrufbar.

Dieses Werk sowie alle darin enthaltenen einzelnen Beiträge und Abbildungen sind urheberrechtlich geschützt. Jede Verwertung, die nicht ausdrücklich vom Urheberrechtsschutz zugelassen ist, bedarf der vorherigen Zustimmung des Verlages. Das gilt insbesondere für Vervielfältigungen, Bearbeitungen, Übersetzungen, Mikroverfilmungen, Auswertungen durch Datenbanken und für die Einspeicherung und Verarbeitung in elektronische Systeme. Alle Rechte, auch die des auszugsweisen Nachdrucks, der fotomechanischen Wiedergabe (einschließlich Mikrokopie) sowie der Auswertung durch Datenbanken oder ähnliche Einrichtungen, vorbehalten.

Impressum:

Copyright © 2018 GRIN Verlag
Druck und Bindung: Books on Demand GmbH, Norderstedt Germany
ISBN: 9783668889866

Dieses Buch bei GRIN:

https://www.grin.com/document/456977

Paul Winter

Die Funktion der platonischen Mythen

GRIN Verlag

GRIN - Your knowledge has value

Der GRIN Verlag publiziert seit 1998 wissenschaftliche Arbeiten von Studenten, Hochschullehrern und anderen Akademikern als eBook und gedrucktes Buch. Die Verlagswebsite www.grin.com ist die ideale Plattform zur Veröffentlichung von Hausarbeiten, Abschlussarbeiten, wissenschaftlichen Aufsätzen, Dissertationen und Fachbüchern.

Besuchen Sie uns im Internet:

http://www.grin.com/

http://www.facebook.com/grincom

http://www.twitter.com/grin_com

Die Funktion der platonischen Mythen

Inhaltsverzeichnis

1. EINLEITUNG 3

2. DIE FUNKTION DER PLATONISCHEN MYTHEN 4

    2.1 DIE DEFINITION DES MYTHOS 4

    2.2 DER MYTHOS ZWISCHEN DICHTUNG UND WAHRHEIT 5

    2.3 DER MYTHOS ALS MEDIUM RELIGIÖSER LEHREN 7

    2.4 DER MYTHOS ALS PÄDAGOGISCHES HILFSMITTEL 8

    2.5 DER MYTHOS ALS TEIL DES LOGOS 9

3. FAZIT 11

4. QUELLEN UND LITERATURVERZEICHNIS 13

1. Einleitung

Seit jeher erzählen sich die Menschen Legenden oder Sagen aus alter Zeit, sogenannte Mythen. Die darin behandelten, verschiedensten Themen erstrecken sich von der Entstehung der Welt bis hin zur Frage nach einem jenseitigen Leben. In der antiken Lebenswelt der Griechen waren sie Unterhaltungs- und Lehrmedium gleichermaßen. Deshalb ist es nicht weiter verwunderlich, dass auch Platon des Öfteren Mythen in seine philosophischen Diskurse mit einfließen ließ. Will man also die Philosophie Platons in seiner Gänze durchdringen, so muss die Frage beantwortet werden, mit welcher Intention er selbige erzählt und, was ihre Funktion, ihren philosophischen Mehrwert darstellt. Stattdessen zu behaupten, die platonischen Mythen hätten einen reinen Unterhaltungswert, wäre zu kurz gegriffen und wohl auch schlichtweg falsch.

Um diese Frage zu klären, wurden in der vorliegenden Arbeit verschiedene mögliche Funktionen des Mythos dargestellt und jeweils unter Einbezug von Primär- und Sekundärquellen bezüglich ihrer Wahrscheinlichkeit und Sinnstiftung diskutiert. Die Textbasis dabei war, neben anderen in Platons Werken enthaltenen Mythen, insbesondere der Jenseitsmythos im Dialog *Gorgias*[1]. Als Sekundärquelle wurde zu einem Großteil auf Josef Piepers Kapitel *Über die platonischen Mythen*[2] in *Darstellungen und Interpretationen: Platon* Bezug genommen.

Als zentrale Funktion stellte sich in der vorliegenden Arbeit heraus, dass der Mythos einen Erkenntnisgewinn bezweckt und zur Wahrheitsfindung dient. Eine Funktion des Mythos als Medium zur Vermittlung religiöser Glaubensinhalte konnte anhand der angeführten Argumente nicht belegt werden. Dagegen erscheint ein erzieherischer, pädagogischer Zweck Platons mythischer Erzählungen sehr wahrscheinlich. Schließlich lässt sich der Einbezug von Mythen in Platons philosophisches Oeuvre wohl auch darin begründen, dass diese ihm einen philosophischen und argumentativen Bereich eröffnen, der ihm durch den reinen Logos nicht zugänglich ist.

---

[1] Vgl. Plat. *Gorg.*
[2] Vgl. Pieper 2002, S. 332-374.

2. Die Funktion der platonischen Mythen

Im Folgenden soll im Zentrum dieser Arbeit stehen, welche philosophische Funktion Platon mit seinen Mythen intendiert. Dabei wird eingangs eine Definition des Mythos gegeben. Daraufhin wird als erster Aspekt die Wahrheitsfunktion des Mythos dahingehend diskutiert, inwieweit Platon selbst an seine Erzählungen glaubt und welchen Mehrwert eine im mythischen Kontext vorgefundene Wahrheit mit sich bringt. Anschließend soll überprüft werden, inwieweit der platonische Mythos als Medium religiöser Lehren fungiert. Schließlich steht die Integration von Mythos und Logos im Zentrum der Diskussion, bevor ein Fazit abschließend über die Funktionen der platonischen Mythen urteilt.

Generell ist noch zu sagen, dass, wenn in dieser Arbeit von Mythen die Rede ist, hauptsächlich auf die, so Pieper, Mythen im „strikten Sinne"[3] Bezug genommen wird, nämlich der Weltschöpfungsmythos des *Timaios*[4], der des Sturz des Menschen im *Symposion*[5] und besonders der Jenseitsmythos, wie er in den Dialogen *Gorgias*[6], *Politeia*[7] und *Phaidon*[8] erzählt wird.

2.1 Die Definition des Mythos

Bevor man sich mit der Frage beschäftigt, was Platon in seinen Werken durch den Einbezug von Mythen bezwecken will, muss zunächst eine Definition des Begriffs *Mythos* vorgenommen werden. So bezeichnet μῦθος nach dem Greek Lexikon von Liddell und Scott (LSJ) ein breites Bedeutungsspektrum, welches sich von *Wort, (öffentliche) Rede* und *Unterhaltung* bis hin zu *Erzählung* und *(wahre) Geschichte* oder jedoch *Sage* und *Märchen* erstreckt.[9]

Besonders die letzten beiden, sich scheinbar konträr gegenüberstehenden Bedeutungsfelder sind in Platons Werken zentral und werden in der vorliegenden Arbeit näher erläutert.

---

[3] Piper 2002, S. 344.
[4] Vgl. Plat. *Tim.*
[5] Vgl. Plat. *symp.*
[6] Vgl. Plat. *Gorg.*
[7] Vgl. Plat. *pol.*
[8] Vgl. Plat. *Phaid.*
[9] Vgl. Perseus Digital Library.
http://www.perseus.tufts.edu/hopper/morph?l=mu%3Dqos&la=greek&can=mu%3Dqos0#lexicon.

Nach Pieper sei zudem im Hinblick auf die platonischen Mythen wesentlich, dass diese „im eigentlichen Sinne mythischen Geschichten[...] zwischen dem göttlichen und dem menschlichen Bereich [spielen]".[10] Des Weiteren verstehe sich Platon ausdrücklich nicht als Autor dieser Geschichten sondern erzähle sie nur nach.[11] Außerdem habe, so Selbiger weiter, der Mythos immer einen symbolischen Charakter, der es ausschließe, aus einer wörtlichen Interpretation das Wahre in der Erzählung zu erkennen.[12] So soll im Folgenden die auch für Platon essenzielle Wahrheitsfrage der Mythen diskutiert werden.

2.2 Der Mythos zwischen Dichtung und Wahrheit

An den Ausgangspunkt der Frage, welchen Wahrheitsgehalt Platon selbst den von ihm erzählten Mythen beimisst, stellt Pieper den Rezipienten. So sei laut ihm die Interpretation der Mythen stark davon determiniert, ob dieser an die Kernthematik des Mythos, wie zum Beispiel ein Leben nach dem Tod, glaube, oder nicht.[13] Auf diesen, religiösen Glaubensaspekt wird jedoch an späterer Stelle dieser Arbeit noch einmal eingegangen.

Prinzipiell lässt sich sagen, dass die Platonforschung bezüglich der Wahrheitsfrage der Mythen in zwei konträre Lager geteilt ist. So schreibt Szlezák, der nach Heit[14] mit Meinungen von Müller, Edelstein oder Kobusch konform gehe, beispielsweise, dass die „Annahme eines höheren Wahrheitsgehaltes der Mythen [...] sich nicht auf Überlegungen Platons stützen [kann]", und nur auf dem „Empfinden moderner irrationalistischer Strömungen" beruht.[15] Pieper dagegen verficht die Interpretation, dass Platon selbst die von ihm nacherzählten Mythen für wahr halte.[16] Um diese These zu stützen, führt er mehrere Argumente ins Feld.

Im Phaidondialog erklärt Platons zum Tode verurteilter Sokrates, dass sich niemand für den Wahrheitsgehalt des Jenseitsmythos verbürgen könne. Dass es sich jedoch, "[...] mit unseren Seelen und ihrer Wohnstadt [...] so oder ähnlich verhalten werde: dies scheint mir

---

[10] Piper 2002, S. 339.
[11] Vgl. a.a.O. S. 340.
[12] Vgl. a.a.O. S. 339.
[13] Vgl. Pieper 2002, S. 346.
[14] Vgl. Heit 2007, S. 207.
[15] Szlezák 1993, S. 136.
[16] Vgl. Pieper 2002, S 359f.

gar wohl des Wagnisses wert, geglaubt zu werden – das Wagnis ist nämlich schön."[17] Diese Stelle interpretiert Pieper als Verdeutlichung des symbolischen Charakters des Mythos, indem Platon zwar eingestehe, dass es sich mit dem Jenseits wohl nicht genauso verhalte wie im Mythos, der diesem innewohnende Wahrheitsgehalt jedoch ausreiche, um im Glauben daran zu sterben.[18] Dieser Schluss muss meiner Meinung nach jedoch dahingehend hinterfragt werden, dass der letzte Teilsatz bezüglich der Schönheit dieses Risikos auch eine andere Interpretation zulässt. So könnte Platon mit *schön* auch eine trostvolle Vorstellung gemeint haben, welche jedoch in keinem Zusammenhang mit dessen Wahrheitsgehalt steht.

Auch wenn Piper es nicht explizit formuliert, so ist ein weiteres Argument für ein Fürwahrnehmen des Mythos seitens Platons, dass dieser eine Form der Mythenkritik übt, in welcher er wahre von falschen Mythen unterscheidet.[19] In der *Politeia* kommt dieser Aspekt sehr deutlich zur Sprache. Hier werden die Mythen von Hesiod und Homer als lügnerische bezeichnet (μῦθος ψευδής), da sie die Götter schlecht und durch menschliche Charakterzüge verdorben darstellen.[20] Laut Pieper könne man gar davon sprechen, dass Sokrates für diese Form der Mythenkritik hingerichtet worden sei, da seine Anklage auf Gottlosigkeit in diesem Punkt begründet liegen könne.[21] Während Platon also diese Mythen aufgrund ihres fehlenden Wahrheitsgehaltes verurteilt, lässt er Sokrates anderenorts jedoch sagen:

> "So höre denn, wie sie sagen, eine gar schöne Rede, die du zwar für ein Märchen halten wirst, wie ich glaube, ich aber für Wahrheit. Denn als volle Wahrheit sage ich dir, was ich sagen werde."[22]

Eben der Kontrast dieser beiden Darstellungen von Mythen lässt deutlich werden, dass Platon sehr wohl bestimmten Mythen einen bestimmten Wahrheitsgehalt beimisst. Außerdem zeigen nach Pieper besonders die eschatologischen Mythen der *Politeia* und des *Gorgias*, die die Dialoge (auch argumentativ) abschließen, immanente philosophische Bedeutung. So bediene sich Platon dieser Erzählungen als finale, ausschlaggebende Argu-

---

[17] Plat. *Phaid.* 114d 6.
[18] Vgl. Pieper 2002, S. 364.
[19] Vgl. a.a.O. S. 365f.
[20] Vgl. Plat. *pol.* 377.
[21] Vgl. Pieper 2002, S. 366f.
[22] Plat. *Gorg,* 523a.

mente.²³ In diesem Sinne erscheint es unwahrscheinlich, dass Platon an einem so wichtigen Punkt in seiner Argumentationsstruktur eine Erzählung einbaut, deren Wahrheitsgehalt er für zweifelhaft hält. Will man Platon sophistische Züge unterstellen, könnte man jedoch auch sehr polemisch dagegenhalten, dass er den Mythos nur benutzt, um seine Rezipienten von seiner Philosophie zu überzeugen, ohne dessen eigentlichem Wahrheitsgehalt Bedeutung beizumessen. Dies erscheint mir ebenso wie Pieper jedoch unwahrscheinlich.

Zuletzt kann angeführt werden, dass Sokrates in Platons *Politeia* die Hoffnung ausspricht, dass ein eben erzählter Mythos die Menschen retten sollte, indem sie ihn für wahr halten. ²⁴ Auch dieser Aspekt spreche nach Pieper dafür, dass Platon an den Wahrheitsgehalt der von ihm nacherzählten Mythen glaube.²⁵ Die in diesem Satz zudem enthaltene religiös interpretierbare Komponente soll im Anschluss näher beleuchtet werden.

Ausgehend von den in diesem Abschnitt behandelten Argumenten muss also festgehalten werden, dass der Mythos, wie ihn Platon gebraucht, durchaus als Methode fungiert, um dem Wahren näher zu kommen. In diesem Sinne könnte man meiner Meinung nach auch einen Bezug zu Platons Ideenlehre herstellen, da die philosophischen Inhalte der mythologischen Themen, die nicht unserer sinnlich wahrnehmbaren Welt entstammen, unser Bewusstsein den Urbildern annähern und somit ihren Rezipienten näher zur Wahrheit bringen könnten. Diese These wird auch dadurch gestützt, dass Platon im Kontext des Aufbaus einer Polis davon spricht, dass es sich die Dichter, wenn sie Geschichten, Mythen erzählen, nach den Urbildern zu richten haben, welche den Gründern der Polis (also nach Platon den Philosophen) bekannt seien.²⁶ Folglich transportieren Mythen im Sinne Platons zu einem gewissen Grad die wahren Urbilder der Dinge. Hierin könnte auch der Mehrwert einer mythischen Erzählung gegenüber einer rein rationalen Argumentation begründet liegen.

2.3 Der Mythos als Medium religiöser Lehren

Nach dem Duden definiert sich *Glaube* als eine „gefühlsmäßige, nicht von Beweisen, Fakten o.Ä. bestimmte unbedingte Gewissheit, Überzeugung" oder „religiöse Überzeugung".²⁷

---

[23] Vgl. Pieper 2002, S. 369.
[24] Vgl. Plat. *pol.* 621c.
[25] Vgl. Pieper 2000, S. 369.
[26] Vgl. Plat. *pol.* 378e 7f.
[27] Duden online. https://www.duden.de/node/646954/revisions/1398295/view.

Akzeptiert man also die These, dass Platon an die von ihm nacherzählten Mythen, wie den der Entstehung der Welt oder des Gerichts im Jenseits, wahrhaftig glaubt, so impliziert dies, dass der Mythos auch als Medium religiöser Lehren gesehen werden kann. Nach Pieper sei diesbezüglich neben dem Glaubensinhalt besonders relevant, auf wessen Zeugnis hin man etwas für wahr halte, das sich faktisch nicht beweisen lasse. Platons Antwort hierauf seien *die Alten*, was, so Pieper weiter, diejenigen bezeichne, die die Mythen als erstes aus göttlicher Quelle erfahren hätten.[28] Der Mythos ist somit eine „Gabe der Götter an die Menschen"[29]. In diesem Sinne würde er eher als religiöse denn als philosophische Lehre fungieren. Hierzu muss jedoch angemerkt werden, dass der Übergang zwischen der Lehre einer ethischen Maxime, wie beispielsweise der des guten Lebens, wie sie im Mythos über das Nachleben[30] in *Gorgias* Anklang findet, zu einer religiösen fließend erscheint. Dennoch benutzt Platon den Mythos meiner Meinung nach nicht, um eine bestimmte religiöse Überzeugung zu vermittelt, sondern um seiner philosophischen Argumentation eine weitere Ebene hinzuzufügen. Diese These begründet sich besonders in dem philosophischen Rahmen, in welchem jeder der platonischen Mythen eingebettet ist und an dem geringen Anteil Platons gesamten Oeuvres, den religiöse Glaubensinhalte ausmachen.

2.4 Der Mythos als pädagogisches Hilfsmittel

Spätestens an dem Punkt, als Sokrates in Platons *Politeia* den Mythos in einen Kontext bringt, in dem es um Kindererziehung geht, lässt sich eine pädagogische Funktion derartiger Erzählungen nur schwer von der Hand weisen. So schreibt Platon, dass nicht zugelassen werden dürfe, dass Kinder Mythen erzählt bekämen, die sich irgendwer einfach ausdenke und spielt damit auf die des Homer und Hesiod an.[31] Dieses pädagogische Moment lässt sich jedoch nur schwer vom religiösen trennen, solange man die Aspekte des Mythos in den Vordergrund stellt, die offensichtlich eine sinnlich nicht greifbare, religiöse Komponente haben, wie beispielsweise den generellen Fakt eines Leben nach dem Tode im Jenseitsmythos[32] des *Gorgias*. Darüber hinaus haben jedoch viele Aspekte im selben Dia-

---

[28] Vgl. Pieper 200, S. 372.
[29] Plat. *Phil.* 16c 5.
[30] Vgl. Plat. *Gorg.* 523a-527e.
[31] Vgl. Plat. *pol.* 377b 5ff.
[32] Vgl. Plat. *Gorg.* 523a-527e.

log deutlich pädagogischen Wert. So schildert Platon eindrücklich, dass ein Unrecht zu begehen nicht mit der Tat vorbei ist, was nach Pieper generell als der Nukleus dieser mythischen Erzählung anzusehen sei.[33] Daher sei es besonders wichtig, so Sokrates (Platon), das Unrechterleiden dem Unrechttun immer vorzuziehen und wirklich gut zu sein, statt nur gut zu erscheinen.[34] Demzufolge lässt sich sagen, dass auch wenn ein religiöser, mythischer Aspekt, nämlich das Totengericht, als Begründung für diese ethische Maxime dient, eine pädagogische Funktion des Mythos in dem Sinne, dass er die Rezipienten zum guten Leben „erziehen" will, durchaus angenommen werden kann. In diesem Kontext formuliert auch Reinhardt einen Wachstumsgedanken, dem meiner Meinung nach eine pädagogische Natur zugesprochen werden kann: „Die Seele lebt und stirbt mit ihrer Urgestalt wie mit der Dryade der Baum: Der Mythos ist ihr Wachstumsgeist."[35] Die Seele könne also nur durch den Mythos wachsen.

Inwiefern der Mythos neben den bereits angeführten Funktionen jedoch auch als Teilbereich des Logos gesehen werden kann, soll im Folgenden im Fokus der Diskussion stehen.

2.5 Der Mythos als Teil des Logos

Das griechische Wort λόγος fasst in sich ebenso wie μῦθος eine Vielzahl an Bedeutungen. Im Zusammenhang mit dem Mythos bezeichne es jedoch nach dem Neuen Pauly eine „wahre, nachprüfbare und somit auf Tatsachen beruhende Darstellung"[36]. Die populär gewordene Sentenz „Vom Mythos zum Logos" des gleichnamigen Werks von Wilhelm Nestle impliziert indirekt einen Gegensatz dieser beiden Denkansätze.[37] Die bereits andernorts zitierte Passage aus dem Beginn des Jenseitsmythos in Platons *Gorgias* stellt diese konträre Gegenüberstellung jedoch in Zweifel. Hier erklärt Sokrates (Platon) seinem Gesprächspartner Kallikles, dass dieser nun einen Mythos hören solle (ἄκουε δή [...] μῦθον), von dem Sokrates (Platon) glaube, dass er Logos sei (ὡς ἐγὼ οἶμαι, ἐγὼ δὲ λόγον).[38] Somit lässt sich schlussfolgern, dass diese beiden Denkansätze als sich ergänzende begriffen werden können. Folglich muss genauer untersucht werden, ob Platon deshalb auf mythi-

---

[33] Vgl. Pieper 2002, S. 348f.
[34] Vgl. Plat. *Gorg.* 527b.
[35] Reinhardt 1966, S. 295.
[36] DNP online. http://dx.doi.org/10.1163/1574-9347_dnp_e12223590.
[37] Nestle 1940.
[38] *Plat, Gorg,* 523a.

sche Erzählungen zurückgreift, da ein rein nach dem Logos argumentierender Diskurs fruchtlos wäre oder, ob beide Konzepte nur verschiedene Spielarten zur Wahrheitsfindung sind.

Wie bereits bezüglich der Wahrheitsfrage kurz angeschnitten, sieht Pieper den Mythos als eine vom Logos unabhängig zu verstehende Erzählung, die dem menschlichen Verstand Bereiche eröffne, die durch den Logos nicht zugänglich seien.[39] Diese Argumentation begründet sich wohl stark in dem Faktum, dass Platon - seiner Auffassung nach - wirklich an einen göttlichen Ursprung der Mythen glaubte.

Auch Hirsch vertritt die Auffassung, dass der Mythos dort ansetze, wo der Logos keine Möglichkeit mehr habe, einen Erkenntnisgewinn zu produzieren. Diese These stützt er damit, dass es die Natur des Logos gebiete, Gründe zu suchen und Begründungen anzustellen, der Mythos dies jedoch nicht zulasse. Eine symbiotische Beziehung zwischen beiden Denkansätzen lasse sich jedoch darin erkennen, dass der Logos eine philosophische Frage aufwerfe, der Mythos diese behandle, die Auslegung des Mythos jedoch wieder Aufgabe des Logos sei.[40]

Beierwaltes ist dagegen Verfechter eines konträren Standpunkts. So schreibt er:

> „Er [der Mythos] ist eine andere Darstellungsweise derselben Wahrheit. Mythos und Logos […] integrieren sich trotz ihrer Andersheit auf einem Weg zu einem gemeinsamen Ziel: Mythos gründet im Logos; Logos lebt im Mythos."[41]

Auch Gundert ist der Meinung, dass Mythos und Logos dieselbe Wahrheit vermitteln sollen, dies jedoch jeweils in der ihnen eigenen, charakteristischen Manier umsetzen. Mythische und religiöse Bilder treffen so auf Nüchternheit und Strenge des Logos, im Kern transportieren sie jedoch dieselbe Lehre.[42]

Persönlich gehe ich in dieser Arbeit mit der Meinung von Pieper und Hirsch konform. Dies liegt vor allem daran, dass ich die These, dass Platon an die religiösen Aspekte seiner Mythen glaubte, aufgrund von vorher genannten Argumenten unterstütze. Im Sinne dieser religiösen Überzeugung kann ausgeschlossen werden, dass die in den Mythen enthaltenen philosophischen Gedanken genau dieselben wie die des Logos sind, nur in andere Kontexte gesetzt. Die platonischen Mythen sind folglich meiner Meinung nach auch keine Sinnbilder oder Vergleiche, welche den Zugang zum philosophischen Gedankengut erleichtern

---

[39] Vgl. Pieper 2002, S. 369.
[40] Vgl. Hirsch 1991, S. 252.
[41] Beierwaltes 1989, S.274.
[42] Vgl. Gundert 1968, S. 32.

sollen, sondern sprechen eine andere Ebene der Argumentation an. Am Beispiel des Jenseitsmythos[43] des *Gorgias* lässt sich dies gut darstellen. Sowohl in seinem vorhergehenden Gespräch mit Kallikles, als auch in dem von ihm berichteten Mythos soll der Wert eines tugendvollen Lebens dargestellt werden. Würde Platon nicht an die jenseitige Vorstellung eines Totengerichts glauben, könnte man diese Szene einfach als weitere Ausführung der Bedeutung genannten Wertes betrachten. Nur in einer anderen Spielart als mit den rein rationalen Argumenten des Logos. Glaubt er jedoch wirklich daran, so fügt er seiner vorhergehenden Argumentation den Aspekt hinzu, dass ein gutes Leben besonders im Jenseits von großer Bedeutung ist, da es zu einem Leben im Elysium, im Paradies führt. So fungiert der Mythos zwar als Teil des Logos, hat jedoch auch über diesen hinaus in der von mir gewählten Lesart argumentativ einen gewissen philosophischen Alleinstellungswert.

3. Fazit

Abschließend soll nun diskutiert werden, inwiefern in dieser Arbeit eine Antwort auf die Fragen nach der Funktion der platonischen Mythen gegeben werden konnte, jedoch auch, welche dabei weiter offen bleiben und einer genaueren Betrachtung in folgenden Arbeiten bedürfen.

Meiner Meinung nach uneingeschränkt lässt sich die zentrale Funktion des Mythos als Weg zu Erkenntnisgewinn oder zur Wahrheitsfindung sehen. Denn selbst wenn man nicht an die religiösen Inhalte selbiger glaubt, so beinhalten die platonischen Mythen doch viele Themen philosophischer und besonders ethischer Natur. Eben diese Fülle an philosophischen Gedanken muss darauf abzielen, der Wahrheit näher zu kommen. Sei es die bereits diskutierte Wahrheit im Sinne Platons Ideenlehre als eine Annäherung an die Urbilder aller Dinge oder Wahrheit als die Erkenntnis über das Richtig und Falsch aller Dinge. Diese Funktion spricht Platon in seinen Werken auch konkret an, wie zu Beginn des Jenseitsmythos des *Gorgias*.[44]

Dass der Mythos als Medium fungiert, um religiöse Lehren zu vermitteln, erscheint mir auf der anderen Seite jedoch unwahrscheinlich, da derartige Lehren sonst einen zentralen Punkt in Platons Oeuvre einnehmen würden. Akzeptiert man die These, dass Platon an die

---

[43] Vgl. Plat. *Gorg.* 523a-527e.
[44] *Plat, Gorg,* 523a.

religiösen Inhalte seiner Mythen glaubt, so kann man hierbei meiner Meinung nach höchstens von einem Nebeneffekt sprechen, den er für gut heißt, keinesfalls aber aktiv fokussiert.

Wie viele ethische und philosophische Maximen, die Platon in seinen Dialogen vermittelt, haben auch die im Mythos enthaltenen eine erzieherische, pädagogische Funktion. Da er das Erzählen von Mythen zudem im Kontext der Kindererziehung anspricht, lässt für mich darauf schließen, dass besonders Kinder oder Menschen, für die eine Argumentation nach dem Logos nicht fassbar ist, durch Mythen zu einem guten Leben und Ähnlichem erzogen werden können.

Schließlich nutzt Platon den Mythos meiner Meinung nach auch, um in argumentative und philosophische Bereiche zu vorzudringen, die ihm durch den reinen Logos verschlossen bleiben.

Darüber hinaus könnte in folgenden Arbeiten untersucht werden, inwieweit Platon vielleicht nur den Anschein erwecken möchte, dass er von den religiösen Inhalten seiner Mythen überzeugt sei. Dies könnte ganz pragmatisch gesehen dazu dienen, einer Kritik bezüglich des Götterfrevels zu entgehen und in diesem Sinne gar ein Schicksal wie das des Sokrates abzuwenden. Zudem wäre es interessant, zu eruieren, worin die antiken Rezipienten die Funktion der platonischen Mythen begründet sahen.

4. Quellen und Literaturverzeichnis

Beierwaltes, W. (1989). *Logos im Mythos. Marginalien zu Platon.* In: Langer M., Bilgri A. (Hrsg.). *Weite des Herzens, Weite des Lebens*, Regensburg: Pustet.

Dudenredaktion (o. J.). „Glaube", in: Duden online. https://www.duden.de/node/646954/revisions/1398295/view (accessed February 21, 2018).

Frede, D. (1997). *Platon, Philebos: Übersetzung und Kommentar.* Göttingen: Vandenhoeck und Ruprecht.

Gundert, H. (1968). *Der platonische Dialog.* Heidelberg: C. Winter.

Heit, H. (2007). *Der Ursprungsmythos der Vernunft: zur philosophiehistorischen Genealogie des griechischen Wunders.* Würzburg: Königshausen & Neumann.

Hirsch, W. (1971). *Platons Weg zum Mythos.* Berlin: De Gruyter.

Höffe, O. (1997). *Platon, Politeia.* Berlin: Akademie Verlag.

Leggewie, O. (1985). *Platon: Gorgias: vollständige Ausgabe: Kommentar.* Münster: Verlag Aschendorff.

Liddell, H. G., Scott, R., Jones, H. S., McKenzie, R., & Barber, E. A. „μῦθος", in: Perseus Digital Library. Ed. Crane, G., R. http://www.pseus.tufts.edu/hopper/morph?l=mu%3Dqos&la=greek&can=mu%3Dqos0#le xicon (accessed February 20, 2018).

Meister, K. „Logos", in: *Der Neue Pauly.* Ed. Cancik, H., Schneider H., Landfester, M. http://dx.doi.org/10.1163/1574-9347_dnp_e12223590 (accessed February 22, 2018).

Nestle, W. (1940). *Vom Mythos zum Logos: die Selbstentfaltung des griechischen Denkens von Homer bis auf die Sophistik und Sokrates.* Stuttgart: Kröner.

Pieper, J., & Wald, B. (2002). *Darstellungen und Interpretationen: Platon.* in: Werke in acht Bänden, Band 1. Hamburg: Meiner.

Plato (2017). *Timaios.* Hamburg: Felix Meiner Verlag.

Plato, Schleiermacher, F. (1950). *Platon Phaidon: oder, von der Unsterblichkeit der Seele.* Leipzig: P. Reclam.

Plato, Szlezák, T. A., & Rufener, R. (2014). *Symposion Griechisch-deutsch*. Berlin: De Gruyter.

Reinhardt, K., & Becker, C. (1966). *Vermächtnis der Antike: Gesammelte Essays zur Philosophie und Geschichtsschreibung*. Gottingen: Vandenhoeck und Ruprecht.

Szlezák, T. A. (1993). *Platon lesen*. Stuttgart: Frommann Holzboog.

BEI GRIN MACHT SICH IHR WISSEN BEZAHLT

- Wir veröffentlichen Ihre Hausarbeit, Bachelor- und Masterarbeit

- Ihr eigenes eBook und Buch - weltweit in allen wichtigen Shops

- Verdienen Sie an jedem Verkauf

Jetzt bei www.GRIN.com hochladen und kostenlos publizieren